**HUW**

barddoniaeth boced-din

# *penillion* **HUW**

## HUW ERITH

*Argraffiad cyntaf: Hydref 2004*

*Rhif Llyfr Safonol Rhyngwladol:*
*0-86381-911-7*

*Cyhoeddwyd gan*
*Carreg Gwalch Cyf,*
*Ysgubor Plas, Llwyndyrys, Pwllheli,*
*Gwynedd LL53 6NG.*
☎ *llyfrau@carreg-gwalch.co.uk*
*lle ar y we: www.carreg-gwalch.co.uk*

## Teitlau eraill yn y gyfres:

## limrigau PRYSOR
## stompiadau POD

*Cyflwynedig*
*i Elen,*
*Llŷr, Cai, Cian,*
*Owain, Gwion a Gwern.*

# Cynnwys

## Englynion

## Penillion amrywiol

Canfod wnes fod diod yn felltith,
Hawl cael ffrae r'ôl grym y gwenith,
Gwnaeth im saethu at gymydog
Ac im fethu'r diawl celwyddog.


Tra wyf yma uwch y bargod,
Tra bo'r ysgol ar y gwaelod
Tra nad oes 'na neb i'w chodi
Wnai ddim gwario dim na meddwi.


Y gweithiwr a wna y 'job' yn iawn
Y tro cyntaf yw'r gorau mae'n ffaith,
Ond yr un sy'n poitsho bymtheg tro
Yw'r un sydd yn creu gwaith.


Mae 'na rai o hyd yn honni
Mai sigledig ydi jeli,
Ond mi wn i, a fi 'di ei fam o
Mai rom bach yn nerfus ydio.

*Ar ddrws capel*
Mae'r lle 'di cau, does neb ar ôl
Mae'r pres 'di mynd pob dima,
Mae'n llawn o bydredd, mae'r to yn racs,
Does neb ond Duw'n dal yma.


*Nodyn ar ddrws gan y plant*
'Da ni 'di mynd at Ifan, Mam,
'Da ni 'di cloi rhag 'byrglar'
A chuddio'r goriad, mae o'n saff
Uwchben y drws yn landar.


Nid oes neb yn ei adnabod,
Nid oes neb ond ef yn gwybod,
Neb i rannu'r digalondid
Na newid dim, a dim yn newid.


*Bwyd trên*
Ychydig o dir i gledrau
Nid erwau o gaeau gwair
Ac ychydig o ddîsl neu drydan,
Dan ni'n bwyta llai na cheir.

*Acupuncture*
Mae o'n help i stopio smocio
Maent yn dweud fod hynny'n ffaith,
Ond nid dyna ydi'r broblem,
Dwi 'di stopio lawer gwaith.


Merch hudolus ddaeth a'm rhwydo
Gan ei gwên mi ges fy swyno,
Ac fel hanes pob pysgodyn,
Wedi'm dal ni nofiais wedyn.


*Rhybudd ar gefn car*
Os yw'r ysgrifen yma'n glir
Rhy agos wyt a dweud y gwir.

Rhy agos wyt, mae'r ffordd yn faith
A does gen i ddim siwrans chwaith.

*Beddargraff Red Rum*
Yn wlyb mae llygaid Ginger
A Tomi a phob punter
A fetiodd rioed, nid ceffyl cert,
*'Dead Cert'* wyt ti fel arfer.

Ers amser 'rhen Syr Harri
Bu'r morwyr yn dy brofi
Ond darfod wnest a rŵan mewn rhes
Mae'r llynges am bacardi.

Rhoi y tir yn ôl i natur
Dyna ddwed yr ESA,
Mae hi felly yma erstalwm
Anifeiliaid yn rhedeg y lle,
Ac mae ambell un wedi mynd yn hy,
Mae'r lle 'ma dan ofal y ceffyl du.

*Yn ffatri Guinness*
Aeth 'na rai i'r GPO
A rhai i weld drama,
Ond dwi'n meddwl mai'r peth calla
Yw imi sticio'n fa'ma.

*O dan fwrdd*
Ches i ond r'un faint ag arfer,
Pymtheg peint, chwe 'short' a rhyw fwg,
Mi own i'n gwybod pan own i'n ei yfed o
Fod y trydydd peint 'na'n un drwg.


*Mawl neu ddychan i unrhyw blaid*
Ust, oes 'na rywun o gwmpas
Ella i dynnu'r sbectol ddu
A'r masg a'r het a'r barf cogio
Gaf i fentro allan o'r tŷ
'Mi godwn ni eto' ond wir tan hynny
Mae'n uffern byw Nghymru a bod yn Dori.

Es i chwilio am fy arwyr
Ond mae pob dim mor od,
Dim Wyn, dim Hêg na Gwilym Jones
A gwaeth na hyn, dim Rod!
Cadwch o'n dawel, ond mae'n edrych yn berig
Na does 'na neb ar ôl ond y fi a Syr Eric.

Os yw y corff wedi glasu
Mi wnawn i o'n iawn mewn chwinc.
Daw'r lliw yn ôl i'n bochau
Rhown iddynt wawr o binc!


*Bore meddw*
Rhwng dau rwyf yn y gwely
A meddwl yn sobor rwyf felly
Beth yw'r rheswm fy mod i
Yn ddi-drôns yn un o dri.


*Ymson y dyn a ddyfeisiodd olwyn*
Ar ôl cael syniad mor athrylithgar
Gobeithio y ffitith y blydi teiar.


*Ymson y dyn a ddyfeisiodd fotwm*
Dwi'n sownd, be wna'i, gwthio 'ta tynnu?
Plwc sydyn i lawr ta gera at i fyny?
Mi ddeudai un peth os caf i hon o fama
Y dyfeisiaf i rywbeth llai ciaidd na'r sip 'ma.

Clywais ddweud mai nid yn uchel
Y mae siarad i gael dy arddel,
Sibrwd dy gelwyddau'n isel
A'i rannu'n ddistaw yn y dirgel.


Do bu gennyf fy mreuddwydion
Gorwel eitha'r dyddiau gwynion,
Ond yn y duwch hir ei oriau
Dod yn nes wna fy hunllefau.


Pan yn ifanc roedd breuddwydion
A wireddais drwy f'ymdrechion,
Ond be rown am gael dychwelyd
I'r fan a'r pryd y daeth y ddelfryd.


Mae nhw'n dweud ac mae nhw'n honni
Nad oedd Dracula rioed wedi
Medru gweld ei adlewyrchiad
Yn y drych pan rôi edrychiad,
Ond os gwir yw hyn, gyfeillion:
Sut roedd rhes ei wallt mor union?

Un mor ddel edrychai yno
Tan y gwres a'r golau'n fflachio,
Haul y bore oedd ei bradwr
Yn dylu'r sglein oedd arni neithiwr.


Fel rhoi dŵr y môr mewn potel
Er mwyn ei weld o ar y dresel,
Felly hefyd yr est tithau
Wedi byw o dan fy nistiau.


Clywais lawer sôn erstalwm
Fod yr heth yn dilyn hirlwm
Ond fe sylwais wrth heneiddio
Fod 'na hirlwm yn dod eto.


Archwilio rhyw fuwch yng Nghae Carw
O'r tu ôl roeddem pan ddaeth sŵn garw,
A rŵan rwyf i a'r dyn A.I.
Mwy ne lai yn yr un lle a'r tarw.

I gweirio'r Tobi hynod
Y dois, tad mil o gathod,
Ond ei winedd sy'n fy nhacla i
Cans nid oedd Tobi'n barod.


Mae gen i fel mae gan lawer
Lwyth o waith a fawr o amser,
Ond y gwaith fydd yn dal yno
Wedi i amser i mi beidio.


Maen nhw'n dwedyd ac yn sôn
Mod i'n caru ar y lôn,
Ni allaf wadu: rwyf yn goesgam
A'm pengliniau'n darmacadam.


*Afon*
Er dy fod ti wedi croesi
Er fod lli a'r glannau'n torri
Er y pellter a'r holl rwystrau
Er fy mod yn fawr fy meiau,
Gwn fod rhaff sy'n gref a'i chlymau
Ar angorion rhyngom ninnau.

Daeth yn syth o fae Parwyd,
Dyma fo: dyma'r cranc addawyd
Ond cofia wrth fwyta'r bwyd
Roedd cynrhon yn yr abwyd.

*Dychwelyd*
Aeth chwantau'r cnawd yn drech na dau
Wrth gerdded adre un nos
A medda fo: 'Tyrd ar un waith
Awn i garu ar y rhos.'

Roedd weiran bigog ffiaidd, front
Yn rhwystr ar ben y clawdd,
Dywedodd: 'Rho dy draed ar hon
A throsti yr ei yn hawdd.'

Ond meddai hi yn serchus iawn
Gan swatio'n sownd n'ei gôl:
'Mi wn yr af ar nerth dy arf
Ond sut dwi am ddŵad yn ôl.

# Celwydd Golau

Â'i lygaid pumlwydd syllai heibio'r llenni i'r nos
Tra'n eistedd ar fy nglin a'r Dolig yn nesáu,
Yn gofyn 'Sut y daw Siôn Corn dros glawdd a ffos
Ac ydi'n wir fod rhai o'i geirw'n bwyta cnau?
Edrych ar y golau 'na yn yr awyr, Dad:
Y fo 'di hwnna sdi yn siŵr o fod
Yn crwydro'r byd i gyd o wlad i wlad
I chwilio am blant da, y mae o'n saff o ddod.'
Yna fe aeth ei sylw at adwy'r llain
A'i lygaid befriodd pan fflachiodd rhywbeth coch
Yn mynd ar wib cyn diffodd ger y clawdd drain
A chyn diflannu'n llwyr fe dinciodd ambell gloch;
Beth bynnag oedd 'na yno dan liw'r nos,
Mi welodd Gwern a finna' Santa Clôs.

# Limrigau

'Os wyt ti'n meddwl mynd i ladrata
Mae 'na arwydd wrth ymyl Llanwnda
    'I fanno yr awn i'
    Meddai Wil nymbar thri,
'Mae o'n dweud "Heddlu Araf" ger y drofa.'

Ni chlywais erioed beth ddigwyddodd
Ac a dweud y gwir mae hi'n anodd
    Egluro y peth
    Ac mae'n dipyn o dreth
Ond fe fu, aeth yn feth, ac mae drosodd.

'Rhaid bwyta yn iach,' meddai Guto
'Dim braster, dim byd wedi ei ffrio'
    Fe lithrodd i ffwrdd
    I rywle dan bwrdd
Câi g'nebrwn pe medrwn ei ffendio.

Wedi sesh ar y cwrw yng Nghlynnog
Doedd 'na fawr iawn o raen ar fy stumog,
   Mi lyncais reit handi
   Bump neu chwech port a brandi,
A bûm farw yn teimlo'n ardderchog.


Ar fy ail fis mêl yn Niagra
Yr ydwyf i hefo'r wraig gynta
   Ond fel y rhaeadr mawr
   Mae pob dim ar i lawr,
Ŵyr rhywun yn lle ca'i fiagra?


Roedd diddordeb gan ddyn o Gyffylliog
Mewn agor ysgol i blant y llu arfog
   'Wel, na chewch yn wir'
   Meddai criw'r Cyngor Sir,
Meddai'r dyn: 'Maent yn cael yng Nghaergeiliog.

Mae Robin yn sglyfaeth bach rŵd
Mae o'n gweithio mewn bwyty 'ffast ffŵd'
    'Sa cwrs glendid yn lles
    Achos yn y pot meionês
Y mae o yn gwagio ei gwd.


Rhoed hawl i rhyw ŵr o Bethesda
I fagu draenogiad i'w bwyta,
    Ond chwarae teg nawr
    Gall greu problem fawr
I'r ffatri gwneud condoms drws nesa.


Wedi mynd mae'r ddiweddaraf o'm genod
Ond ni phoenaf mae 'na ddigon o bysgod
    Yn nofio'n y lli,
    Y broblem sgen i
Ydi fel mae fy abwyd yn darfod.

Maen nhw'n dweud fod gan amryw fel fi
Dair craith ar yr offer pi pi
    Achos dannedd Meri Jên
    A'u dau fwlch pan ddaw gwên
Er yn hen sydd yn finiog fel lli.


Mewn ogof o dan Trwyn Maen Melyn
Mewn nyth ym mhen draw coeden gelyn
    Yr ydw i'n byw
    A fy enw yw Huw,
Un od ar y naw ydi'r Meuryn.


Toes ryfedd fod 'na lai o ymwelwyr
Yn dod i gefn gwlad, tydi ffermwyr
    Yn gosod llidiardau
    Ar ran butra y caeau
Er mwyn bod yn boen ar y cerddwyr.

'Tydi dweud Macbeth cyn mynd ar y llwyfan
Ddim yn dod â lwc wael wedi'r cyfan,'
    Yn llawn ffydd meddai Jo –
    Ond llithro wnaeth o
A chrogi ar y rhaff trin y cyrtan.


Un noson yng Ngwesty yr Emlyn
Ni ches hwyl ar y limrig na'r englyn,
    Ac yn nhoilet y lle
    Clywais billwyr y de
Yn wawdlyd o faint fy ngwawdodyn.


Pan oeddwn i'n dringo yr Aran
Yn ddisymwth darfyddodd fy nhrydan,
    Bûm yno yn llonydd
    Am fis ymhob tywydd
Nes daeth 'na rhyw ddyn hefo melltan.

*Beamish*o anifail, meddai *Murphy*
*Saki'r Heiniken* o Killkeny,
    Un gwir od a'i wraig *Stella*
    Wedi gwneud, ond tro yma
Ar *CaffRhys* y bu'n rhaid i'm fodloni.


Petasai'r hen gadair yn soffa
Buasai'n hirach a mwy o le i ista
    Ond fe gymrai fwy o le
    Ac fe heliai mwy o wê
O tani ac angen mwy o glustoga.


Petasai'r hen gadair yn soffa,
Petasai ffens drydan gan Offa
    Fasa'm rhaid codi clawdd
    A basai bywyd yn hawdd
A rhoi sioc iawn i'r bobl drws nesa.

# Pam?

Mae trwy y byd ei led a'i hyd broblemau mawr
Fel pam fod tost yn disgyn a'r menyn at i lawr?
A pham fod mynd i'r bath yn hybu canu'r ffôn?
A phobl Ffrainc yn gyrru yr ochr groes i'r lôn?
Ydi buwch goch gota yn dioddef o BSE?
A 'Beefeaters' Tŵr Llundain? – nôl eu golwg ddwedwn i
Eu bod nhw. A pham fod rhoi clwt ar lein
Yn tynnu glaw? A pham fod Nain
Yn hen a taid a'i nain yn hŷn?
Neu felly wir y mae hi yma'n Llŷn.
Di'n wir dweud fod 'na dro yng nghynffon moch?
A fod 'na rai yn siarad Cymraeg yn Abersoch?
Tybed pam fod yr enfys yn fwa o saith lliw?
A sut mae lama 'di cael ei hyn yn brifddinas Periw?
Mae'r pethau hyn, gwestiynau dwys, yn boen
Ond mae 'na un peth arall sy'n mynd o dan fy nghroen
Un eto na fedraf ateb, dyma'r pôs:
Ŵyr rhywun pam fod cathod yn hoffi Elwyn Jôs?

## Y Ddamwain

Ar ail fis mêl aeth John a Gwen
I ddathlu eu priodas arian
I'r gwesty bach uwchben y môr,
Y lle dechreuodd y cyfan.

Ar yr ail noson aed am dro
I'r ardd hyd at ei therfyn.
A gwelodd Gwen yn llygaid John
Hen sbarc na fu ers tipyn.

'Ti'n cofio caru yn fama Gwen,
Tro'r blaen yr oeddem yma,
Ar y clawdd terfyn o olwg pawb,
Beth am wneud eto ia?'

A dyna fu, cytunodd Gwen
Ac ni fu ffasiwn garu
'Yn wir Gwen fach nid wyt,' medd John
Er dy oedran ddim yn pallu,

O Gwenno fach y mae rhyw fynd
Angerddol ynot heno
Mae hyn yn well na thro'r mis mêl
Ac yn creu ynof gyffro,

Bydd rhaid in wneud hyn eto, sdi
Ni ches rioed ffasiwn deimlad
Yr wyf mor falch in ddod i'r ardd:
Trysori wnaf yr eiliad.

Roedd llygaid Gwen ymhell yn awr
Yn troi fel peiriant ffrwytha,
Ei gwallt i fyny'n syth fel pync
A'i chefn hi ar ffurf bwa.

Dychrynodd John o weld ei wraig:
Mae'n rhaid ei fod o'n garwr
Eithriadol – er na fu Gwen fel hyn
O dan y bwrdd 'n y parlwr.

Ac mi oedd honno'n noson dda
Un na wnâi fyth anghofio,
Er y bu Gwen am fis heb thong
A'i dacla yntau'n brifo.

O'i llesmair fe ddaeth Gwen yn ôl
Ac ysgwyd wnaeth a deffro
Ac edrych wnaeth yn od ar John
Ac meddai'n araf wrtho.

'Mi wyddost John nad lefran wyf
Mae'n wyrth im wneud y campau:
Nid ydw i'n cofio 'rioed o'r blaen
Rhoi 'nhraed tu ôl i 'nghlustiau.

A'r pethau eraill hefyd a wnes
Yr own i'n mynd fel injan
Ac yn cyflymu wrth fwynhau,
A fy nhu mewn yn clecian.'

'O gwn im roddi pleser do
I ti, rwy'n chwip o garwr
Edrychi arnaf wedi hyn
Yn dipyn mwy o arwr.'

'Paid ti â siarad ffasiwn lol
Â dynes o fy oedran –
Nid ti a'th garu a'm cyffrôdd
Ond pwyso ar ffens drydan.'

## Pen draw'r byd

Yn Aberdaron ddiwedd Awst
Y cwrddais i â Menna
Yn ei bicini ar y traeth,
Ac yn ei llaw banana.

Fe ddaeth hi acw ata'i fyw
Bu acw trwy y gaeaf
A thra y bu hi, rydw i'n siŵr
Cafodd ddeg 'affair' o leiaf.

Fe'i daliais i hi hefo 'nhad
A mam a modryb Eurgain,
Mi ges i sioc o weled hyn,
Mae hi yn bedwar ugain.

Nid oedd na ball ar gampau Men
Mewn barrug, rhew ag eira:
Fe'i gwelais hefo'r garddwr Now
Yn ei gwneud hi yn ei ferfa.

A dyna fu ei diwedd hi
Rhen Now a maint ei foran
A chanddo fo y cafodd glwy
A darfod wnaeth yn fuan.

Fe'i claddwyd do mewn arch siap Y
A'i theulu mewn cywilydd
A'r rheswm pam oedd: am nad âi
Ei choesau at ei gilydd.

Eleni ni fu canu a hwyl
Ar y traeth yn Aberdaron,
Ni fu na syrcas yno chwaith
Na rafftiwrs na rhwyfwyr gwirion.

Yn ddistaw bach i'r fynwent aeth
Y dyrfa fawr yn llu
A rŵan y cwbl sydd er cof
Yw croen banana ddu.

# O ddydd i ddydd

Meddwl wnes wrth iddi oleuo
I ba le yr awn i heno,
Meddwl wedyn ar y grisia
Buasai'n well mynd adra gynta.

Troi am adra yn ddi-enaid
Yn euog fatha ci lladd defaid,
Dim croeso'n fanno, pawb yn mwydro
Mynd i'm gwely am ddwy awr eto.

Yn groes i'r graen, mi wnes i godi
I nôl y dôl i osgoi tlodi:
Rown i am wneud job i gwsmer
Ar y slei ond doedd dim amser.

Mae 'na rywun wedi achwyn
Mod i'n gweithio, er im ofyn
I'r swyddog dôl ni chês i arian
Es am syb i'r arian trydan.

Bydd yn brin yr wythnos yma
Rhaid cael gwaith mi rydwi'n ama,
Hel y wraig ac ni wnawn lwgu
Fel na ma' i â phlant i'w magu.

Wedi bod yn rhoi fy llofnod
Es i werthu ffags a diod
Rhag i'r werin dalu trethi,
Mae 'na lawer ohonom wrthi.

Yna brysio wnaf i 'molchi
Mynd am beint am saith 'fo Trêsi,
Amser cau a ddaw fel arfer,
Gweld hi'n gleuo yn y pellter.

# Helynt yr hwrdd

Fe brynodd Dafydd Morfa
Yn Awst am arian mawr
Ddiadell dda o ddefaid
Rhai bras o dras rhyw gawr.

Rhoed hefo nhw fyharen
Un anferth oedd fel arth
Meddyliodd: 'Caf ŵyn fel lloi gan rhain,
Neu'n wir fe fydd yn warth.'

Roedd defaid John Bryngronwy
Yr ochr draw i'r clawdd
A hen fyharen bach Cymreig
'Di'u gwneud nhw i gyd yn hawdd.

Ar y 'Mules' y rhoes ei lygaid
Ac yna ar y ffens
Gan feddwl am ei neidio
(Mae awydd yn drech na sens.)

Fe gymrodd wib a neidio
Mi oedd o yn un brwd
Pan gliriodd y weiran bigog, doedd
Na mond trwch risla dan ei gwd.

Daeth Dafydd i sbio'r defaid
Rhyw dro cyn diwedd dydd,
Aeth i ben y caitsh pan welodd
Yr hwrdd yn crwydro'n rhydd.

Dywedodd Ifan Tocia
'Ni fuodd yna fawr,
Bûm yn eu hedrych gynna'
Rhyw gwta hanner awr.

A beth wnâi hwn beth bynnag
I dy ddefaid ar y ddôl,
Pe tasa hwn am wneud y 'Mules'
'Sa rhaid iddo gael stôl.'

Daeth lawr o'r caitsh yn araf
Wrth wrando geiriau'r gwas,
A gwnaeth anghofio'r cyfan
(Y mae yn ddyn o ras.)

Ond Chwefror ddaeth â'i oerwynt
A'r defaid ddaeth ag ŵyn
A phopeth oedd yn ddiddig
Ym myd y ffermwr mwyn.

Nes daeth o'r sied un bore,
Bytheirio wnâi fel draig
O weled yno yn y gwellt
Ddeugain o ŵyn Cymreig.

Mi wyddost rŵan Dafydd
Does dim sydd mor ddeheuig
Na chystal arf i garu
Ag un caled bach Cymreig.

# Englynion

### Storm

Yn araf daw yr hafddydd – i'w dofi
A'i difa, daw newydd
Obaith swil ond pa beth sydd
Dan glog y llwynog llonydd?


### Ceiliog

Un o gewri'r Torïaid –yn sgwario
Am sgorio ei enaid
I'r baw y daw, er yn daid,
Am y domen am damaid.


### Gofal?

Ei gardod yn fy nhlodi – ei anwes
Pan fynnai ei oeri;
Y mae darn o 'mywyd i
Yn iasau amser nosi.

**Cariad**

Er y cur, er y suro, – y blwyddi
    Fel bleiddiaid, mae heno
  Yno ddau o'i herwydd o
  A ddeil di-ddial ddwylo.


**Dychwelyd**

Wedi bod heb fod fy hun – heb ddrygiau
    Heb ddrwg yn fy nilyn,
  Ond mae 'na rêf yn Nefyn
  Un dda – mi fyddai'n iawn, ddyn.


**Medi**

Cynhaeaf eich llysnafedd – a gawsoch
    Ac oes ddi-anrhydedd
  Eich syrcas fas aeth i fedd,
  I dywod yn y diwedd.

### Er Cof am Elwyn

O anterth y rhyferthwy – yn y swnt
    Trwy ei swae, tros drothwy
  I hafan, y man lle mwy
  Oeda yng ngheg Porth Meudwy.

### Diwrnod

Yn ddall, rwy'n llywio allan – daw yn llwyd,
    Yn lli a dry'n arian,
  Golau a ddaw o Gilan,
  A daw'r dydd fel doe ar dân.

### Brân

Yn glyd i'm nyth i glwydo – hi rannodd
    Hir eonau'n chwilio
  Hyn o fyd a dyna fo
  Dau oeddem wedi dyddio.

### Diwedd Gaeaf

Y mae'n waith, ond y mae'n nôl – y cewyll,
   Eu cywain a'u didol,
  Tynnu *Barti Ddu* o'r ddôl
  Yn wanwyn cyn gweld wennol.

### I Elen (ar ei deugeinfed pen-blwydd)

Darfod wna gwêr pob seren – i ninnau
   Daw llenni llwyd niwlen,
  Ond ein haul wrth fynd yn hen
  Yw dy olau di Elen.

### Gwastraff

Heibio'r aeth Llŷn fy mebyd – a minnau
   Â'm manion yn ddiwyd
  Tu clyta'r clawdd mewn hawddfyd
  Yn y bar ym mhen draw'r byd.

### Tacsi i'r Tywyllwch
Wir ni fu yn siwrnai faith – ni wn faint
    Yng nghefn fan un noswaith
    Â gwin riwbob heb obaith
    Na chof ymhle bûm i chwaith.


### Englyn yn enwi unrhyw ffrwyth
Heddiw ym m'loda ei dyddia – un gref
    Llawn graen ar ei gora'
    Eithriad yw, un â thro da,
    Fy eneiniol fanana.


### Ynys Enlli
Ei thraeth yn dew dan ewyn – a'm swynodd
    Mi synnais ar flodyn,
    Oedais a gwelais wedyn
    Samwn gwlyb a Seimon Glyn.

### Dyletswydd

Mae Sam yn dweud yn amal – y dylai
   O dalu am gynnal
  Babi Siân a babi Sal,
  Ei natur sy'n ei atal.

### Adar drycin Manaw

Wedi i'r haul waedu'r heli –a nos
   Yn ynysu Enlli
  Llef eneidiau coll y lli
  Fydd ar lonydd goleuni.

### Rhyddid?

Fe ddaw dydd na bydd yn bod – nac oedfa
   Nac adfyd na phechod,
  Ni yn Dduw a'r ddawn i ddod
  I'n diben digydwybod.

## Diarhebion

Na phrofodd ddoe, ni phrifiodd ddim.

Adio ni raid i eidion.

Be' 'di dyn ond abwyd da.

Hiliaeth nid yw yn holi..

Mae pob un yn mofyn mwy.

Ofer yw cuddio fferins.

Ni wna llong nofio mewn llaid.

Cerrig mân yw craig y mur.

## Cwpledi

Eto caf 'nhraed ar sgotal
A hi'n deg a'r rhwydi'n dal

Oes o boen yw ceisio byw
A dod i'r hyn nad ydyw.

Ym mhob oes fe ddaw coes ci
Yn ei hadeg i godi.

Dio'm lles bod hi yn lesbian,
Un di-serch yw priod Siân.

Os yw y cwpled 'ma'n sâl
Wedyn, mae ar yr odal.

*Ar fws*
Dim caru na dim cyris,
Huno'n noeth, na bwyd Cheinîs.

Yr ateb i bob sobri
Yw mwy o win am wn i.

## Dyw pethau'n gwella dim

Fe redodd fy ngwraig
I ffwrdd 'fo rhyw Wyddal:
Yr unig syndod
Oedd y parodd hi cystal.

Mi dorrodd y car
A bu farw y ci,
Mi rois fy mys
Yn nannedd y lli.

Mi es i i nôl
Y bocs cymorth cyntaf
Ond disgynnodd ar fy mhen
O ben y cwpwrdd uchaf.

Bûm yno yn gorwedd
Yn anymwybodol
Am bedwar diwrnod:
Roedd yn hollol ddamweiniol.

## penillion huw

Fe losgodd fy nhŷ
A doedd gen i ddim siwrans;
 mi'n dad di-briod
Fe stopiwyd fy lwfans.

Fe suddodd y cwch
Er nad oedd neb arno,
Wrth fynd i Gaerdydd
Bu raid im stopio yng Ngharno.

Fe dorrodd y mab 'cw
Ei goes mewn dau le
Wrth chwarae pêl-droed
Ac wrth ddod adra o'r dre.

Ac mae'r ferch 'cw
Yn feichiog ac yn ddi-waith
Dwi 'di holi am y tad:
Mae rhestr fer o saith.

Rwy'n teimlo yn isel
Mae fy mhroblemau yn fawr,
Mi ffoniais y Samariaid:
Rhoesant y ffôn i lawr.

Mi faglais wrth daflu
Fy hun o dan lori;
Mi dwi 'di bod yn meddwl
Am bleidleisio Tori.

Dois i ben fy nhennyn,
Rown am roi pen ar y mwdwl –
Ond fe dorrodd y rhaff
A rois dros y cwpwl.

Mi gollais fy swydd,
Rydwi rŵan ar y dôl,
Ac yn goron ar y cyfan
Mi ddaeth y ddynas 'ma'n ôl.

# Yr Ocsiwnïar

'Mae 'na dri math o bobl 'ngwas i,'
Meddai'r ocsiwnïar tafod chwim;
'Mae 'na bobl sy'n medru cyfrif
Ac mae 'na rai na fedran nhw ddim.'

Yr oeddwn i yn brentis newydd
Mi ges row am ddod yno yn flêr
'A chyn i ti ddweud dim,' meddai
'Cofia roi dy ymennydd yn ei gêr.'

Fe fu o yn ddistaw am wythnos,
Ni ddywedodd un gair wrthaf i
A'r rheswm – mi glywai o leisiau
Yn ei ben; ni siaradent â mi.

Nid oedd o yn hoff o'i gwsmeriaid
Na'i fòs, ei wraig na'i fab (sydd â gradd)
A'r rheswm, meddai, fod rhai pobl yn fyw
Yw am ei bod hi'n anghyfreithlon i'w lladd.

Fe âi i roi ei draed i fyny,
Bob prynhawn boed hi'n aeaf neu ha'
Gan ddweud, 'Y mae Elvis wedi marw
A tydw i ddim yn teimlo yn dda.'

Ac un o'i gynghorion gorau
'Paid poeni: nid chdi sy wrth y llyw,
A phaid â bod gymaint o ddifrif
Achos dei di ddim o yma yn fyw.'

Ond mynd a wnaeth o a'n gadael
Mewn ocsiwn rhyw fore dydd Llun,
Fe darodd ei ben hefo'r morthwyl
Ac ar amrant fe werthodd ei hun.

## Trip Ysgol Sul

Oherwydd fod y gronfa'n wan
A chlwyf y traed a'r genau
Daeth trip y Capel ddim i Sŵ Gaer
Ond i'r rasus ceffylau.

Mwynhawyd y dydd ac ennill pres
Gan fugail, sant a blaenor
Ac erbyn diwedd dydd nid oedd
Yr un ras i'w rhedeg rhagor.

Meddai Miss Preis cyn mynd i'r bws
'Dewch blant i'r toiled, brysiwch'
Ac aethant ond daeth Joni'n ôl
Gan ddweud, 'Fedrai ddim cyrraedd cofiwch'.

I mewn 'fo Joni aeth Miss Preis
Ac yno, yr olygfa:
Yn trio cyrraedd yr ureinals roedd
'Na unarddeg o hogia.

Bu'n gymorth iddynt oll ac wrth
Iddi godi yr un ola
Fe sylwodd nad oedd hwn yn un
A arferai weld ar Sulia'.

A sylwodd er maintioli bach
Ei fod o yn hogyn mawr,
Ac ar ôl gorffen rhoes o'n ôl
Ar ei draed yn sad ar lawr.

A gofyn iddo wnaeth 'Pwy wyt?
Ti ddim o'n capel ni,
Tyrd ateb, sgin i ddim trwy'r dydd
Dwed wrthaf, pwy wyt ti?

'Tyrd dweud pwy wyt ti rŵan hyn'
Meddai wrth y bychan estron,
Fe drodd o rownd, cau ei sip
A dweud, 'Yfi 'di Willi Carson.'

# Diarhebion

Diarhebion dywediadau ag ati
Dwi 'di trio eu dallt chwarae teg
Ond sut os na 'yn y bore ma'i dal hi'
Nad 'di pubs ddim yn agor tan unarddeg,
Ac i be y canaf i bennill i Nain
Mae'n rhy fyddar i glywed fy nghân
A dwi'n gwybod pe tasa hi'n canu yn ôl
Fod ei llais hi run fath â llais brân.
Ella' i bod hi'n wir dweud mai'n y bore
(Ar ôl codi) y cacha yr iach
A fod 'na lwdn piblyd yng nghorlan pawb
Ond be ddiawl ydi 'tri sychiad sach?'
(Tasach chi'n rhoi tri sach i sychu
Yn y gwynt 'sa nhw'n sych yr un pryd,
Fasa'r gwynt ddim yn mynd atynt fesul un
Felly i be mae isho nhw i gyd?)
Mae menyn, yr haul a chaneris,
Fy Land Rofer, a'r crawn ddaw o friw
A llawer o bethau eraill yn felyn
Nage, nid aur ydi popeth o'r lliw,
Os mai 'diwedd y gân ydi'r geiniog'
Pam nad yw pob un yn gorffen yr un fath?

A phwy a ddywedodd dywedwch i mi
Fod 'na naw o fywydau gan gath?

(Yr oedd gan gwrcyn drws nesa
Mae'n rhaid wyth bywyd yn llai,
Un glec o twelf bôr ac fe ddarfu,
Fe ddisgynnodd o'n swp ar ei fai,
Ond fe gododd 'na broblem wedyn
Oedd yn boendod go fawr i mi
I drio egluro wrth fy annwyl wraig
Ym mha le yr oedd ein pwsi ni,
Pan daniais i ar yr hen gwrcyn
Er fod fy meddwl yn chwim
Nid oedd ddigon chwim i ystyried
Na fuasai fy ergyd i ddim
Yn osgoi yr hen bwsi annwyl
A oedd, er ei bod hi yn hen,
Yn hoff o bnawniau rhywiol,
Fe ddaeth ac aeth gyda gwên,
Ac nid es i i'r drafferth
O drio gwahanu y ddau
A rŵan trwy y canrifoedd
Eu caru a gaiff barhau,
A'r cwbl sgin i i'm atgoffa
Ydi llwyth o flewiach ar y mat,

Cachu cath ar hyd y tŷ
A llond bocs o Kiti Kat.)

Ond mi dwi'n crwydro rŵan
Rhaid mynd nôl at thema'r gân
Dowch hefo mi yn ôl i'r gors
I'r byd yn lle mae brân
Yn gweld ei chyw yn glaerwyn
A'r ewinedd sy'n y blew
Ble y mae llwynog yn lladd ymhell,
Lle na hedodd yr un ŵydd dew
Erioed yn wyllt ac felly
Yr ŵydd a gaiff lonydd gan
Y llwynog sy'n byw yn agos
Ati hi, ac felly pan
Y gwelsant hwy ei gilydd
Bydd yr ŵydd yn iach drwy lwc,
Ydach chi yn coelio hynna
Ydach chi! Ydw i, ydw i ffwc,
A phe buasai'n mynd i'w ymyl
Pan mae'n gorwedd ar y cae
Sut wir y medr fod yn siŵr,
Nad cysgu llwynog y mae?
Na, dyrys a dibwrpas
Yw'r holl ddywediadau hyn

Ond mae golau 'mhen draw'r twnnel
A daw eto haul ar fryn
Fel cariad y noson gyntaf
'Na chi lol yn siŵr i chi.
Ni fu yr un a fathodd hon
Yn caru yn yr un lle â fi,
Mewn cae oedd yn wyn gan farrug
Hefo hogan hyll a blin,
Yno rhewais ac es adra
Heb un blewyn ar fy nhin
Lwcus fod 'na hen blanced o tanaf
Dyna beth arbedodd fy nghroen
Heblaw amdani byddai'r hen gryduras
Yn sownd ym mhorfa yr oen,
Na doedd 'na ddim gwres yn fanno
Doedd o'm yn lle i fagu gwaed
Ac esiampl arall ydoedd
O fy mhen ddim yn arbed fy nhraed,
Mynd adra fel ci lladd defaid
I wely chwyslyd a mwll
A darganfod o'r diwedd ddihareb wir:
'Y mae clwt yn well na thwll'.

## Ein hardal ni
*(Mewn gornest yn erbyn Waunfawr)*

Wedi meddwl wrth gerdded
Yr ardal i gyd
Does dim gwerth sôn amdano
Heblaw Gŵyl Pendraw'r Byd.

Sgynnon ni ddim John Efans
A fu'n mapio'r Missouri,
Dim ond ugain mil
O saint sydd ar Enlli.

Sgynnon ni neb sy'n glyfar
Na ieithmon sy'n slic:
Dim ond pymtheg o ieithoedd
A siaradai'r hen Dic.

Does dim antur acw
Na chwedlau am Fandaniaid,
Er fod digon o Saeson
Os dach chi am sôn am estroniaid.

Sgynno ni ddim D.I.
Sydd yn ganwr o safon
Nac enillydd medal
Na phrifardd (o Gaernarfon).

Mae'n wir fod Gwennan
Yn hannu o'r Sarne
Ond rhaid i bobl o fanno
Gael diwylliant yn rhywle.

Sgynnon ni'm Dylan Parry
Sy'n canu am Lŷn
A mi dan ni'n gorfod torri
Ein glaswellt ein hun.

Sgynnon ni ddim Gwyn Defis
I ni ei efelychu,
Faswn i ddim yn synnu
Tasa fo wedi ei ailgylchu.

Fel tîm ac fel ardal,
Tydan ni ddim yn gry,
Tydan ni ddim yn gywion
I'r hen Dafydd Ddu.

Sgynnon ni ddim cofeb
I ni ei dadorchuddio,
Nac enwogion amlwg
Sydd yn werth eu cofio.

Ond fe allwn ni'n wir
Fynd i'r Steddfod ddydd Sadwrn –
Fyddwn ni ddim rhy brysur
Ddiwrnod ffeinal y Talwrn.

## Dianc

Berwad o donnau'n gadwyn
Yn y trai sy'n llanw'r trwyn,
Ar eu brig y dig sy'n dal
I fwrw Ogof Eural,
A dewin y graig dywyll
Yn ei gwch, ger gwain y gwyll,
Yn tindroi cyn ffoi drwy'r ffin,
Llywio o'r de-orllewin,
(Aderyn mor ddi-daro,
Daeth i fôr a'i deithio fo)
A gorwel ei gôt felen
Yn emrallt hallt ac yn hen
A'r llaw a adnabo'r lli
Yn cyffio am fwg coffi
O don i don, ond yna
Fe ddaw ffrwyn ar y trwyn tra
Llama'r cwch i'r lle mae'r cil,
I wendid grym y pendil;
Carcharor i'r môr ond mwy
Ni oeda lle bu'r adwy.